Liberati dall'Ansia e Recupera la Tua Pace Interiore:

Tecniche Efficaci per Eliminarla dalla Tua Vita, nonché Segreti per Superare l'Insonnia Causata dall'Ansia.

Sommario

"La paura è l'emozione più difficile da controllare. La tristezza ti fa piangere, la rabbia ti fa urlare, ma la paura ti intrappola silenziosamente nel cuore". **Psicologo delle emozioni - online**

Premessa

Probabilmente in questo momento state per iniziare a leggere questo libro, perché vi siete quasi arresi, state per rinunciare alla ricerca della vostra felicità. State sprofondando in un baratro chiamato disturbo d'ansia generalizzato (GAD). Non sono estraneo a questa sensazione, so esattamente come ci si sente, cercando di trovare almeno una piccola via d'uscita da quell'inferno. Allo stesso modo, sono assolutamente convinta che, al di là della ricerca di una cura, si voglia che questa avvenga il più rapidamente possibile. E se questo è il vostro obiettivo, vi invito a dare un'occhiata più da vicino a questa guida definitiva alla vostra felicità, che si trova in questo piccolo libro che vi mostrerà metodologie innovative su come uscire da questo angosciante disturbo. Leggetelo! Vi sorprenderà.

Sentite che la direzione della vostra vita si sta interrompendo a causa dei continui attacchi di panico e di ciò che questo significa per voi: un incubo totale. I momenti felici sono così lontani nel tempo che siete quasi sul punto di rassegnarvi e, nel peggiore dei casi, di pensare di porre fine a tutto: alla vostra stessa vita. Ma non prima di esservi fermati un attimo a leggere questo, che all'inizio avrete pensato essere solo un altro di quei libri di auto-aiuto di quarta categoria, ma lasciate che vi risponda con un secco: no. Credo fermamente che questo libro che state leggendo sia il migliore che abbiate mai letto. Credo davvero che il libro che state per leggere sia una delle guide più innovative e pratiche al mondo sul tema dell'ansia generalizzata. Come leggere, controllare ed eliminare il disturbo d'ansia dalla vostra vita, e la cosa migliore: in poco tempo. In questa guida decisiva, imparerete un elenco delle tecniche più efficaci che ho appreso nei migliori ospedali di salute mentale di tutto il mondo, quando ero in preda all'ansia, e che grazie alla loro messa in pratica mi hanno aiutato a guarire in modo incredibile.

Posso vantarmi con orgoglio di essere una sopravvissuta a questo maledetto disturbo. Non ne ho sofferto per mesi, sono stati anni di agonia chiusi nelle mie paure, che spesso mi hanno spinto al limite del tentativo di suicidio. Finché non ho trovato il modo di controllarlo e di eliminarlo dalla mia vita. Quello che state leggendo non è un prologo di marketing, è la realtà della metodologia che ho utilizzato e che presto conoscerete. Voglio sottolineare che questo metodo non è una magia che promette la guarigione da un giorno all'altro: no, ma è una metodologia che, fin dall'inizio, vi guarirà da un giorno all'altro. Ma è una metodologia che, fin dal primo giorno in cui la proverete, apporterà grandi cambiamenti nel vostro stato d'animo che all'inizio vi sarà difficile comprendere. Ma sarà solo l'inizio.

Pertanto, vi invito a esaminarlo il più lentamente possibile e a mettere in pratica tutte le indicazioni che vi indico. Se io, che ho sofferto di uno dei disturbi d'ansia più terribili che si possano immaginare, sono riuscito a gestirlo grazie a queste tecniche, e se le userete anche voi, sono sicuro che riuscirete a uscirne vittoriosi.

Non ho scritto questo libro con l'obiettivo di fare soldi, cosa che non mi interessa più in questo momento della mia vita in cui sono felice. L'ho scritto perché desidero con tutta l'anima che molti spiriti depressi, senza speranza e arresi a questo mostro, ne escano e riprendano in mano la loro vita o almeno provino a essere di nuovo felici. Godetevi questa piccola guida che è la via per la vostra felicità mentale. Il vostro amico Simmons Graham ha attraversato l'inferno del disturbo d'ansia generalizzato ed è riuscito a essere di nuovo felice. Io sono felice.

Se la metodologia spiegata in questo libro vi ha aiutato molto, vi prego di lasciarmi un commento in modo che possa continuare ad aiutare altre persone che soffrono di questo problema. Grazie mille.

Ansia generalizzata

Il disturbo d'ansia generalizzato è uno dei principali problemi di salute pubblica della nostra epoca, più di quanto si possa immaginare, e causa un'ondata di problemi in tutto il mondo. E secondo il Mental Hospital Gelh, uno dei migliori centri di salute mentale del pianeta, ha recentemente diffuso dati allarmanti, in cui si legge che 2 persone su 10 che soffrono di questo disturbo si rivolgono a centri specializzati, e che solo negli Stati Uniti ciò equivale a più di 20 miliardi di dollari di budget sanitario annuale. E questo ovviamente non include la spesa che viene fatta in tutto il mondo per questo disturbo. È indubbiamente diventata una pandemia, persino l'OMS la considera un problema più preoccupante persino dell'HIV per l'ondata di suicidi che ha provocato negli ultimi anni, oltre che per l'elevato costo economico.

Sapendo questo, ci si potrebbe chiedere: cos'è l'ansia generalizzata in sé che causa tanta angoscia mentale all'individuo che ne soffre? Vediamo la definizione clinica secondo gli specialisti dell'Ospedale Psichiatrico Gelh: si tratta di un disturbo mentale in cui una persona è spesso preoccupata o ansiosa senza motivo per molte cose, per lo più di natura catastrofica, accompagnata da una serie di sintomi che di solito si presentano durante il giorno o parte della notte.

Per un individuo che soffre d'ansia non sarà sempre facile trovare la diagnosi giusta, perché quando soffre, ad esempio, di un attacco di panico o di sintomi dello stesso disturbo, è normale che si rivolga a un medico generico che per la maggior parte non ha la sensibilità o il tatto, tanto meno una conoscenza approfondita della malattia, e di solito fornisce diagnosi sbagliate e trattamenti inefficaci. E questo è più comune di quanto si pensi, anche quando si presentano con il quadro sintomatologico completo. Altri non cercano mai l'aiuto di un professionista a causa della loro ignoranza e mancanza di conoscenze, altri ancora semplicemente per quello che dirà la gente. Oppure, semplicemente per pietà, credono che chiedendo un aiuto psicologico professionale saranno etichettati come deboli e ridicoli o esagerati.

Come abbiamo già visto, la definizione di questo disturbo debilitante è già stata sentita dalla maggior parte delle persone, ma pochi hanno una comprensione profonda di cosa significhi essere ansiosi. L'ansia in sé è una caratteristica naturale che tutti gli esseri umani hanno per la nostra sopravvivenza e ci aiuta a uscire dalle situazioni di stress. Ma oltre ad aiutarci nelle situazioni di pericolo, l'ansia in periodi prolungati può portare a molti disturbi fisiologici e quindi a deteriorare la nostra vita personale e lavorativa. Ecco perché è così importante chiedere aiuto. Perché una volta che l'ansia passa alla seconda fase, l'angoscia, i pensieri ripetitivi e intrusivi e la terribile paura che spesso compare dal nulla. E se non si riceve un trattamento in tempo, possono diventare incontrollabili o comparirne di nuovi, ma questa volta non solo mentali ma anche fisiologici, che in molti casi diventano quasi impossibili da sopportare e quindi distruggono la nostra vita in tutti i suoi aspetti, portandoci via tutta la nostra felicità.

Sintomi di ansia generalizzata

SINTOMATOLOGIA DA TAG:

- Tachicardie (da moderate a molto intense, superiori a 160 battiti al minuto).
- Respiro corto, difficoltà a espandere i polmoni (dispnea).
- Derealizzazione (la sensazione di percepire l'ambiente circostante come un semplice miraggio o irreale, come se non ci si trovasse nella realtà fisica ma in un sogno. È uno dei sintomi più terribili quando si soffre di questo disturbo.
- La sensazione di essere fuori dal proprio corpo, nota come depersonalizzazione.
- Attacchi di panico da moderati a gravi.
- Paure insopportabili senza motivo apparente.
- Mancanza di concentrazione.
- Difficoltà ad addormentarsi: insonnia per settimane o addirittura mesi.
- Angoscia e ansia, fino al punto di graffiarsi e cercare di uccidervi in casi estremi.
- Pensieri intrusivi di colpa e angoscia.
- Forti vertigini e tensione (dolore nella zona del collo).
- La paura di morire d'infarto.
- Nausea e vertigini.
- Stanchezza per tutto il giorno.
- Colite nervosa e gas anomalo in situazioni di stress.
- Intorpidimento di aree del corpo come il cranio, la mascella, le gambe e le braccia.
- Frustrazione per l'impossibilità di realizzare i propri sogni a

causa della natura invalidante della patologia.
- Bassa autostima e scoraggiamento. E un lungo ecc.

Principi da tenere presenti che possono scatenare l'ansia generalizzata.

Finora non esiste un fattore conclusivo che causi questo disturbo, ma piuttosto una serie di elementi direttamente o indirettamente correlati, che vanno dall'ambiente, alla genetica, alle esperienze di vita o alle situazioni traumatiche. Di seguito elenco i principali:

- **Genetica ereditata: le** caratteristiche fisiche e biologiche ereditate dai genitori, anche se non sempre inconfutabili, sono di solito direttamente o indirettamente collegate al **tag**. Anche se recenti ricerche hanno dimostrato che la maggior parte di esse sono ereditate dal carico genetico della madre.

- **Fattore ambientale:** si tratta di situazioni in cui tendiamo a vivere la nostra quotidianità, ad esempio in ambienti di lavoro in cui subiamo continue umiliazioni o a scuola, oppure il semplice fatto di relazionarci con persone negative, frustrazioni personali, relazioni fallimentari o situazioni economiche negative.

- **Situazioni traumatiche:** sono tutte quelle situazioni che viviamo nel corso della nostra vita e che ci hanno spinto ai nostri limiti psicologici ed emotivi. Come ad esempio aver subito uno stupro, un rapimento o semplicemente essere stati coinvolti in un incidente che ha messo in pericolo la nostra vita, oppure avere praticamente qualcuno malato in casa. Quando una persona trascorre molto tempo in queste situazioni, spesso sviluppa disturbi d'ansia da moderati a insopportabili e in molti casi si suicida. Nei minori, come i bambini, è fondamentale tenerli d'occhio quando presentano qualche sintomo, perché può condizionarli troppo e accompagnarli anche per il resto della loro vita. Pertanto, prestate sempre attenzione a ciò che accade ai vostri figli a scuola, perché il bullismo può causare ansia generalizzata.

Una volta acquisita una certa conoscenza di cosa sia l'ansia, della sua sintomatologia principale e dei fattori che tendono ad attivarla, vi lascio con l'insieme delle tecniche più efficaci che personalmente mi hanno aiutato moltissimo quando l'ho vissuta in carne e ossa. Una volta analizzate le tecniche, passerò a raccontarvi la mia esperienza su come sono riuscito a sconfiggere definitivamente questo mostro in poco tempo con un altro metodo oltre alle tecniche che ora conoscerete. Voglio precisare che l'elenco delle tecniche che vedrete di seguito le ho provate personalmente e posso assicurarvi che funzionano quasi al cento per cento per controllare l'ansia. Senza ulteriori indugi, vi lascio la guida definitiva su come controllare questo disturbo e i suoi orribili sintomi.

Come encomio finale, va sottolineato che questo libro non incoraggia mai a non chiedere aiuto a professionisti, ma al contrario, vi esorto a chiedere aiuto a centri specializzati. Questa guida è un libro scritto dal punto di vista di chi è riuscito a bandire il disturbo dalla propria vita con tutti i metodi che ho citato. Va però precisato che forse il 15% non ci riuscirà, perché in tutti i metodi c'è sempre un 15% di margine che di solito non funziona, ma sono sicuro che il 75% ne trarrà beneficio in un modo o nell'altro.

Tecniche per controllare l'ansia

In questa sezione scoprirete le tecniche più efficaci utilizzate in diverse parti del mondo per controllare la maggior parte dei sintomi dell'ansia generalizzata. Iniziamo.

Attacchi di panico

L'attacco di panico è un attacco che si verifica all'improvviso ed è sempre accompagnato da una paura incontrollabile che si accompagna a sensazioni fisiologiche eccessive senza motivo. Questo sintomo dell'ansia è uno dei più terribili e può lasciare chi ne soffre praticamente depresso. Quando si ha un attacco di panico, si ha la sensazione di essere sul punto di perdere il controllo, a seconda della situazione. Ad esempio, se improvvisamente si verificano tachicardie rapide, si prova una paura irreale di avere un attacco di cuore e si ha la sensazione di morire improvvisamente, per cui si va in iperventilazione o spesso si scappa via urlando.

Secondo gli specialisti, gli attacchi di panico non si verificano in tutte le persone, quindi secondo loro la maggior parte delle persone ne avrà uno solo nella vita, ma non di più. In questo tipo di persone gli attacchi di panico scompaiono una volta che la situazione stressante scompare. Ma a differenza di queste persone, chi soffre di ansia soffre di attacchi di panico ricorrenti e in molti casi si sviluppa un disturbo d'ansia da panico. È bene notare che un attacco di panico non uccide nessuno, ma comporta un'alterazione della qualità della vita sia personale che lavorativa. Fortunatamente esistono metodi e tecniche per contrastarlo.

I sintomi di un attacco di panico iniziano di solito gradualmente o improvvisamente, senza alcun preavviso. La cosa brutta è che si manifestano sempre quando si è in momenti tranquilli o sereni. Per esempio, guardando un tramonto, un bel film o semplicemente riposando. L'aspetto peggiore è che tendono a ripetersi due volte alla settimana o tutti i giorni, lasciando chi ne soffre esausto e incapace di svolgere normalmente le attività extrascolastiche. Il modo migliore per identificare un attacco è seguire le seguenti caratteristiche.

- La paura di perdere il controllo e di poter commettere qualcosa di folle come il suicidio o l'uccisione di qualcuno, anche se queste sono solo idee infondate.
- Tachicardie (battito cardiaco accelerato che oscilla al di sopra dei 120 battiti al minuto e che talvolta raggiunge anche un picco di 170 battiti al minuto, creando l'ambiente giusto per la sensazione che si stia per avere un collasso cardiaco. Ma è tutto frutto della stessa paura e dell'iperventilazione, ed è qui che si manifestano i caratteristici tremori e le vertigini, conseguenza dello squilibrio metabolico.
- Tremori muscolari talvolta incontrollabili, che possono durare fino a 10 minuti e poi scomparire. Questa sintomatologia crea panico nella stretta cerchia familiare quando non se ne è consapevoli. Perché vedere il proprio caro tremare in modo incontrollato non è qualcosa che passa inosservato.
- Brividi e sudorazione accompagnati da freddo o caldo intenso.
- Respiro corto, sensazione di non riuscire a espandere liberamente i polmoni, come se si sentisse una stretta al petto. Questo è uno dei sintomi da cui molte persone scappano quando sono in casa.
- Vertigini, capogiri.
- Nausea.
- Malessere muscolare generale, soprattutto nella zona delle spalle, del torace, della schiena e delle vertebre.

- Cefalea da grave a moderata.
- Lo stimolo a defecare.
- Urgenza o stimolo a defecare sotto forma di getto.
- Avere la sensazione di perdere la propria sanità mentale e l'impulso a scappare a causa di questa sensazione, indipendentemente da ciò che dicono gli altri.
- Sensazione di calore nel petto.
- Sensazione di soffocamento.

La sintomatologia sopra descritta rappresenta in sintesi i principali elementi che accompagnano un attacco di panico quando si è perso il controllo delle proprie emozioni.

Vale la pena notare che una delle cose più terrificanti di un attacco di panico è la paura che diventi ripetitivo. Quando ci si abitua a subire un attacco dopo l'altro, arriva il momento in cui sappiamo che non ci ucciderà e siamo consapevoli prima, ma una volta che si manifesta nella nostra mente, tutto cambia, in quei precisi momenti ci si sente morire, tutto è offuscato, la logica non obbedisce. Solo chi ha provato queste orribili sensazioni sa che è molto difficile affrontarle con la nostra forza mentale per dire no, non succede niente.

Come per l'ansia, le cause principali che producono un attacco di panico sono dovute in un'alta percentuale a una predisposizione a soffrirne o magari a una situazione specifica che lo provoca nel subconscio, portando i sintomi al conscio e quindi tutto ciò che ne deriva ..... Fortunatamente esistono molte tecniche efficaci in grado di fermare un attacco di panico sul nascere. Di seguito, imparerete alcune delle migliori tecniche che personalmente mi hanno aiutato incredibilmente quando ho attraversato questo inferno. Dopo aver sofferto di ansia per 10 anni e aver provato molti metodi di guarigione, ritengo che queste tecniche che imparerete siano le migliori che conosco al mondo. Spero che le metterete in pratica e che vi aiuteranno.

La tecnica di non respirare naturalmente durante un attacco

Una volta che si è caduti in un attacco di panico, sappiamo per esperienza che non si fermerà in 10 o 15 minuti se non facciamo nulla, ma applicando questa tecnica lo fermeremo... Questa tecnica è semplice, consiste fondamentalmente nel sostenere il più possibile la nostra respirazione... Ho imparato questa tecnica a Kalsubai in India quando stavo cercando modi per aiutarmi quando ho fatto un ritiro sabbatico, e credetemi l'ho trovata. Una volta imparata, dopo averla praticata per 7 giorni con il mio insegnante, l'attacco di panico è arrivato proprio nel bel mezzo di una riunione di amici in un ristorante italiano. E sapete cosa? L'ho eseguito proprio come l'avevo imparato e il risultato è stato meraviglioso, una cosa che non mi era mai successa prima con tanti metodi.... se dovesse accadere, cosa che sicuramente accadrà con tutta la sintomatologia o parte di quella che avete già letto sopra, la prima azione che dovreste fare indipendentemente dai tremori muscolari è: con entrambe le mani coprite la bocca e il naso il più strettamente possibile... anche se vi sentite morire in quel momento sapete che è un attacco di panico, e non morirete nonostante il forte battito del vostro cuore o l'incertezza e l'angoscia della paura di morire di qualcosa. Non dovete aprire la bocca per 10, 20, 30, 40 secondi... anche se vi manca il respiro non dovete aprire la bocca, dovete continuare a tenervi stretti... Voglio essere ripetitivo, non dovete togliere le mani per almeno 45 secondi. Vi assicuro che non vi accadrà nulla e che l'attacco di panico e i tremori si attenueranno poco a poco. Se i tremori sono ancora molto forti, fate un respiro profondo e coprite di nuovo la bocca e il naso con le mani per altri 30 secondi... dopo

60-80 secondi dall'inizio del forte attacco di panico comincerete a sentire come i tremori in tutto il corpo, soprattutto nelle braccia, cominceranno a diminuire gradualmente, e l'ansia e la paura cominceranno a scomparire. Ciò è dovuto alla scarsa quantità di ossigeno inalata e quindi abbassata nel sistema nervoso centrale. Per sua natura, il sistema nervoso centrale invia impulsi elettrici a tutto il sistema nervoso muscolare facendolo iniziare a rilassare sul posto e per logica questa azione ha prodotto una reazione fisiologica di pace e tranquillità, restituendovi di nuovo la respirazione e la calma mentale.

Questa tecnica è semplice, fortunatamente funziona nella maggior parte delle persone, 8 su 10, almeno questa è la percentuale nei centri di salute mentale dove viene utilizzata. È una delle tecniche più efficaci che esistono e che la maggior parte delle persone non conosce. Ricordate quindi che dovete esercitarvi prima e farlo in modo calmo e consapevole. Se non siete abituati, dovreste provare a trattenere il respiro per 20 secondi e aumentare gradualmente fino a 40 o 60 secondi. Inspirate ed espirate l'aria lentamente... man mano che imparerete sarà incredibile la tranquillità che vi lascerà la pratica. Una settimana sarà sufficiente per controllare la respirazione e resistere forse 60 secondi, ma l'optimum è 40 secondi perché sia efficace. Credetemi, l'ho fatto all'epoca e l'attacco di panico è scomparso anche nel bel mezzo di incontri sociali.

Ricordate di portare sempre con voi il profumo della lavanda. È uno dei più noti nel mondo della scienza come potente calmante del nostro sistema nervoso centrale e può aiutare a ridurre l'ansia e gli attacchi di panico. Pertanto, quando si avverte l'inizio di un attacco di panico, è bene strofinare immediatamente l'olio di lavanda vicino al naso e al collo: in questo modo si inizierà a rilassarsi fino a calmarsi completamente in pochi minuti. Si consiglia inoltre di bere un tè alla lavanda. Va comunque ricordato che lo specialista dei disturbi di panico è lo psichiatra o lo psicologo, al quale ci si può rivolgere e che sarà di grande aiuto nel processo di guarigione.

Tecnica della risata folle

Consiste fondamentalmente nel cominciare a ridere come se foste pazzi se siete a casa, se siete circondati da persone cercate di uscire da lì e fatelo in bagno. Potreste trovare difficile da assimilare quando lo leggete, ma lo leggete bene. Gli esperti di terapia cognitiva e di salute mentale di tutto il mondo hanno iniziato a utilizzare la tecnica sperimentata dallo psicoanalista Markus Global, che ha definito la RISATA INCONCERTA O PAZZA come una tecnica rivoluzionaria dai risultati impressionanti per le persone che soffrono di disturbo da attacchi di panico. Quando una persona inizia a soffrire di attacchi di panico, in un centro di salute mentale le viene chiesto di non avere paura e di iniziare a ridere appositamente ad alta voce, proprio come se fosse pazza. E ovviamente, a questo segue la frase che non succederà nulla, che si tratta solo di un attacco di panico... visivamente è una risata recitata, ma all'interno della nostra mente fa sbagliare o almeno confondere il nostro sistema nervoso centrale. Questa tecnica impressionante e semplice è più efficace se la persona che ne soffre è in compagnia di qualcuno di cui si fida, che la incoraggi a pensare che non succederà nulla mentre ride ad alta voce cercando di confondere il sistema nervoso e quindi di rallentare e fermare l'attacco di panico.

Gli esperti di salute mentale hanno scoperto che quando un individuo soffre di un attacco di panico e inizia immediatamente a ridere e a concentrarsi su di esso, l'attacco di panico e tutti i suoi sintomi scompaiono entro 2 o 3,5 minuti dal suo inizio. Ciò era dovuto principalmente al fatto che l'individuo distoglieva la sua attenzione dalle sensazioni fisiologiche del problema e di conseguenza il suo cervello, che controlla il sistema nervoso, diminuiva progressivamente gli impulsi elettrici dal sistema nervoso al corpo, diminuendo incredibilmente il disagio. Vale la pena ricordare che questa tecnica rivoluzionaria è ancora in fase di studio, ma va detto che personalmente è stata una delle migliori che ho utilizzato e mi ha aiutato incredibilmente. E sta aiutando migliaia di altre persone in questo momento.

Ricordo ancora quei momenti in cui ho avuto un feroce attacco di panico nel cuore della notte, e grazie a questa tecnica sono riuscita a controllarlo ed eliminarlo in un paio di minuti. Ed è stato così facile, solo che nel bel mezzo della mia paura iniziavo a ridere come una pazza, sì, come una pazza, e ripetevo al mio subconscio frasi di autoaffermazione, "che non potevo battermi, ero più forte..." che sarei stata felice nonostante quei disagi, seguite da molte altre frasi positive... anche se sembra assurdo e stupido, in modo impressionante è scomparso... quindi quando un attacco di panico vi visita di nuovo, non dimenticate di ridere come una pazza, più forte è meglio è. Ridete e ditegli che lo amate, che non è in grado di battervi. Credetemi, più lo farete ogni giorno che ne avrete uno e più il tempo passerà. Ma va notato che prima dovete imparare a ridere, e questo logicamente si ottiene facendo pratica... Provate a ridere in quel momento caotico in cui la paura si impadronisce di voi, come se stesse accadendo qualcosa di divertente... So che è molto facile da dire, ma io ne ho sofferto e in quel momento è difficile metterlo in pratica, ma il primo passo è quello: farlo, ed è un passo verso la vostra vittoria. Se imparate a ridere in modo forte e deciso, vi assicuro che non avrete mai più paura di avere un attacco di panico. È strano come questa tecnica basata sulla fiducia lo sconfigga.

Tecnica del peperoncino Habanero

Lo troverete incredibile e forse non avete mai sentito parlare di questa tecnica. Anche se in India viene chiamata in diversi modi, non tutti usano la stessa spezia, ma è una delle migliori. Devo dire che questa tecnica non è la soluzione definitiva per sradicare l'ansia, ma aiuta e posso dire che è una delle più potenti al momento, ed è semplice perché la spezia provoca il rilascio di una grande quantità di ormoni della felicità che interrompe lo stato alterato della mente e del sistema nervoso, facendolo tornare al suo stato naturale. Questa tecnica è quindi molto semplice da eseguire... Ricordo di averla usata in diverse occasioni quando avevo attacchi di panico ed era una delle mie preferite per la sua efficacia. Quando avevo un attacco di panico pieno di tremori e paure incontrollabili, masticavo un habanero verde e immediatamente il potere piccante dell'habanero mi faceva sudare e sentire caldo, e poi mi faceva sputare. L'ideale sarebbe continuare a masticare per 20 secondi. Il sapore è molto forte ed è quasi impossibile resistere. A differenza delle tecniche precedenti, con il prurito l'unico effetto collaterale è quello di sopportare la spezia in bocca. Non bisogna ingoiarla ma solo masticarla per 20 o 30 secondi contenendo il suo estremo prurito, per poi sciacquarla con acqua e sopportarla per dissipare il suo prurito, ma in quel lasso di tempo farà effetto rilasciando al nostro cervello grandi quantità di ormoni che presto faranno calmare l'attacco di panico .... Una cosa da dire è che se volete usarla per strada o quando sentite che potete avere un attacco di panico, masticatela, ma portate sempre con voi una buona bottiglia d'acqua perché, anche se può far passare rapidamente un attacco di panico, se non portate abbastanza acqua il prurito è molto potente, e se non siete abituati vi sentirete malissimo...

Incredibili esercizi ansiolitici

So che se soffrite di ansia, l'ultima cosa che probabilmente volete fare è fare esercizio fisico. Tuttavia, lasciate che vi dica che l'attività fisica è uno dei modi migliori, sì avete letto bene, uno dei modi migliori per sconfiggere il demone dell'ansia generalizzata. È scientificamente provato che essere fisicamente attivi previene centinaia di malattie cronico-degenerative e dona un senso di benessere e tranquillità. Oltre a impedirvi di tornare indietro se avete già fatto qualche passo, vi aiuta a fare in modo che se dovessero tornare lo facciano con meno forza. Ma vi starete chiedendo: è vero? Certo che lo è, ed ecco perché.

- Rilasciando diversi tipi di ormoni, come gli ormoni endogeni, le endorfine e le serotonine, che producono un elevato stato di benessere nella nostra mente e nel nostro corpo. Tutti questi diversi ormoni vengono rilasciati nel sangue quando facciamo esercizio fisico, producendo effetti simili a quelli di alcune droghe. In altre parole, sensazioni di benessere, ma ovviamente senza i danni provocati dalle droghe.

- Quando facciamo esercizio quotidiano, eliminiamo dalla nostra mente tutte le ansie e le preoccupazioni che si accumulano.

Ma sapendo quali sono i benefici per i disturbi d'ansia, ci si può chiedere per quanto tempo è consigliabile fare esercizio?

Tempo consigliato

Secondo un recente studio condotto presso l'Oxford Research Institute, un esperimento durato 7 mesi con più di 1000 partecipanti ha rilevato che 20 minuti al giorno di attività fisica di qualità possono ridurre in modo impressionante gran parte della sintomatologia ansiosa. Come l'ansia, gli attacchi di panico e l'insonnia, che tendono a manifestarsi maggiormente di notte. Inoltre, suggeriscono che l'esercizio fisico non dovrebbe essere considerato un compito obbligatorio, ma al contrario, dovrebbe essere goduto come una delle nostre attività quotidiane, come la colazione, il bagno, ecc. E se lo si svolge con questo atteggiamento sarà molto più facile uscire e affrontare una condizione così fastidiosa, e ciò svilupperà forza e fiducia in se stessi, oltre a potenziare il sistema polmonare e cardiaco facendo sì che il costante soffocamento e la mancanza di respiro dovuti all'ansia diminuiscano o, come nel mio caso, scompaiano grazie all'attività fisica. Ora che conoscete a grandi linee i benefici dell'esercizio fisico, vi starete chiedendo: ma qualsiasi esercizio fa bene o ce ne sono di specifici? Ebbene, qualsiasi attività fisica è consigliata, ma secondo tre dei migliori istituti di salute del Canada, degli Stati Uniti e del Regno Unito, come Youhealth, Manhardunite e Sumbert, hanno concordato che almeno il 92% delle persone studiate in studi controllati che hanno praticato la corsa o la camminata a basso impatto per almeno 30-40 minuti al giorno hanno avuto una riduzione impressionante di quasi il 90% dei sintomi.

Al secondo posto c'è il ciclismo moderato, che ha conferito un miglioramento di almeno il 75%, e al terzo posto lo sport del nuoto, con un risultato di ben il 73% e un notevole miglioramento dell'umore. Vale la pena di suggerire che, a prescindere dallo sport scelto, l'individuo che soffre di disturbo d'ansia generalizzato dovrebbe scegliere l'attività fisica che lo appassiona veramente e non lasciarsi trascinare da questo studio che, per quanto sia molto completo, se è forzato non otterrà risultati... perché, se è forzato, anche se è un esercizio che rilascia gli ormoni della felicità, alla fine il subconscio lo prenderà come un compito noioso e faticoso, e invece di aiutarlo sarà il contrario: frustrazione e disagio muscolare.

Disagio muscolare

Il sovraccarico del nostro sistema muscolare causato da un disturbo d'ansia è molto comune e di solito provoca grandi disagi dovuti a dolori, crampi, fastidi, sensazioni di caldo e freddo e dolori acuti nella zona del collo e delle spalle, e nella maggior parte dei casi provoca forti mal di testa per settimane e scarsa energia accompagnata da sonnolenza. Una delle migliori pratiche per la prevenzione e la cura di questi disagi è la pratica quotidiana dello stretching, che deriva esclusivamente dallo yoga ed è la più utilizzata dagli specialisti soprattutto per questo tipo di condizioni. Perché ossigena tutto il nostro sistema muscolo-scheletrico in pochi minuti portando un immediato benessere a quella zona. Se volete imparare basta navigare in internet e cercare le tecniche di rilassamento corporeo con lo yoga. Ci sono migliaia di video su questo punto che vi richiederanno 10 minuti al giorno. Devo aggiungere che una cosa davvero ottima e che aiuta molto sono i massaggi come complemento a qualsiasi trattamento che si fa contro l'ansia, perché aiutano a liberare tutta quell'energia accumulata in zone come il collo e le spalle che quando si muovono con il massaggio si sente un immediato rilassamento e un immediato benessere. Basta chiedere a un familiare di massaggiare la parte superiore della schiena e del collo in cerchio in senso antiorario. Potete anche cercare su internet come massaggiare per l'ansia e lo stress e troverete centinaia di video con i quali potrete imparare un nuovo strumento che vi aiuterà a superare e controllare alcuni dei sintomi dello stress.

Superare l'insonnia per riuscire a dormire e non soffrire della sensazione che l'alba stia sorgendo

L'insonnia è una delle cose più terrificanti che si possano avere, se si aggiunge la paura di non riuscire a dormire. L'insonnia è fondamentalmente l'impossibilità di dormire, anche se si è stanchi e si vuole farlo, non si riesce a prendere sonno e si tende a passare molto tempo a rigirarsi nel letto con il cervello molto attivo e questo è il prodotto della stessa ansia e in molti casi della paura di non riuscire ad addormentarsi e di guardare l'orologio e vedere le ore che passano e la luce del giorno che arriva... è una paura che molte persone hanno...

L'insonnia è sofferta da almeno il 67% di tutte le persone che soffrono di ansia moderata o cronica e questo disturbo, insieme agli attacchi di panico e all'angoscia mentale, è uno dei sintomi più spaventosi per chi soffre di questa condizione. Indipendentemente dalla causa principale, l'88% dell'insonnia è causata direttamente e indirettamente dal disturbo d'ansia generalizzato (tag). Fortunatamente, esistono metodi e tecniche efficaci che possiamo impiegare e terapie che possiamo intraprendere per aiutarci a superare questo disturbo che, nella maggior parte delle persone, diventa così frustrante e debilitante da provocare il suicidio in almeno 7 persone su 100. Ora che avete un quadro chiaro, vi mostrerò cosa non fare prima di provare a dormire.

- Se soffriamo di questa malattia, dobbiamo andare a dormire sempre alla stessa ora, anche se è alle 9, sempre alle 9, perché è così che programmiamo il nostro orologio interno e se lo facciamo in questo modo si regolerà naturalmente e quindi secernerà gli ormoni vitali in modo che possiamo addormentarci. Quindi sempre alla stessa ora, l'orario consigliato è alle 8.30 al massimo alle 10, non di più.

- Non consumare cibo extra durante la notte. Una raccomandazione specifica è quella di evitare a tutti i costi quegli alimenti e prodotti come: cibi zuccherati, dolciumi, cibi molto grassi, cibi molto piccanti, caramelle, che di solito sono molto difficili da digerire e quindi più difficili da addormentare perché elevano e saturano il nostro funzionamento digestivo e metabolico durante la notte, facendoci perdere ore a rigirarci nel letto. Quindi attenzione! Non dovreste mangiare questi alimenti dopo le 19 se soffrite del problema.

- Regolate uno schema mentale almeno 15 minuti prima di andare a letto, tali affermazioni o pensieri devono essere positivi, come ascoltare le vostre 3 canzoni preferite più rilassanti, dovete stimolare i vostri sensi sensoriali o forse, può essere qualche decina di belle immagini di paesaggi rilassanti che aiuteranno il vostro subconscio a prendere quegli impulsi visivi e inviare una risposta positiva, o attraverso le sensazioni potete fare meditazione almeno 10 minuti prima di andare a dormire. È una delle migliori abitudini che si possano prendere.

- Cercate di non dormire per più di 25 minuti durante il giorno, in modo che il sonno non vi sfugga di notte e non vi renda più ansiosi.

- Lasciate il cellulare in un'altra zona della casa, non portatelo in camera da letto o, se lo portate, spegnetelo! Inoltre, non usate mai il cellulare un'ora prima di andare a letto.

- Cercate di mantenere la stanza libera da rumori fastidiosi, quindi coprite il più possibile rumori, finestre, porte, ecc. Oltre a mantenere la stanza al buio totale, che è essenziale perché l'ipotalamo inizi a rilasciare gli ormoni del sonno e a percepire le sensazioni che precedono il sonno.

- Fondamentale, non dimenticate di prendere il sole almeno 30 minuti al giorno, perché è molto importante per una qualità ottimale del sonno ristoratore.
- Non mangiate dolci due ore prima perché impediscono di dormire.

Una volta iniziate a cambiare le vostre abitudini in buone abitudini, è il momento di iniziare con la tecnica che mi ha aiutato di più in quei momenti bui in cui non riuscivo a dormire e piangevo perché non riuscivo a dormire. Questa tecnica è conosciuta con nomi diversi nei vari centri di salute del mondo, ma in questa guida la chiameremo rilassamento post-sonno.

✓ 35 minuti prima di andare a dormire, dovreste andare nella vostra stanza da soli. Non dimenticate che dovete avere una sedia o una poltrona comoda davanti a una fotografia o a un quadro rilassante, ma attenzione: non deve essere del cellulare o del computer, dovete stampare almeno 3 fotografie a colori e metterle nella vostra stanza davanti a voi. Questo paesaggio deve essere qualcosa di veramente bello, consiglio paesaggi armoniosi che infondono pace. Potete attaccarlo alla parete con della colla o del nastro adesivo, in modo da poter osservare il paesaggio comodamente.

✓ Una volta che siete comodi e seduti con la postura corretta e con la schiena dritta davanti al vostro paesaggio, in quell'istante dovete immaginarvi di fare un'immagine mentale di voi stessi all'interno del paesaggio, immaginando di esistere all'interno di quel mondo che avete di fronte e nel quale avete la pace della mente, mentre vi godete una passeggiata in quel luogo meraviglioso che sia il mare, un bel pomeriggio o una passeggiata nel bosco... Sentite che respirate la freschezza dell'aria e che questa colpisce il vostro viso facendovi sentire più sereni, mentre intorno a voi si sente il canto di tutti i tipi di uccelli che adornano tutto l'ambiente paradisiaco in cui state passeggiando felicemente... A questo punto dovete cercare con l'immaginazione di creare tutte le gamme di sensazioni fisiologiche come se poteste provarle realmente. A questo punto, mentre guardate il meraviglioso e tranquillo paesaggio di fronte a voi...

Una volta eseguito questo esercizio mentale per almeno 20 minuti, dovrete chiudere gli occhi e inspirare il più profondamente possibile, e una volta fatto, tenendo gli occhi chiusi dovrete ricreare lo stesso paesaggio che avete appena eseguito, ma senza vedere l'immagine. Questa volta tutto sarà nella vostra mente... Una cosa da ricordare è che non dovete mai smettere di respirare, il più lentamente possibile senza forzare, ma in modo fluido.

Una volta che l'intera scena è stata rappresentata nella vostra mente, dovete dire a voi stessi con voce ferma e con risoluta sicurezza: "questa notte dormirò così serenamente, piena di pace dopo aver attraversato quel paesaggio pacifico che mi ha dato una tranquillità nell'anima: "dormirò serenamente, velocemente e senza paure perché sono felice...".

Una cosa molto importante è che non dovete dimenticarvi di ripeterlo per almeno 10 minuti, se lo fate quotidianamente questo messaggio positivo disegnerà automaticamente uno schema mentale nel vostro subconscio e in qualche modo obbedirà riprogrammando un nuovo schema ed eliminando quello vecchio che avevate e che produceva tutto quando andavate a dormire e non realizzavate quello che quando volevate dormire non riuscivate a realizzare, perché la vostra mente era attiva e inquieta con pensieri traboccanti. Questa semplice ma potente tecnica inizia a dare risultati già nelle prime 10 sessioni, cioè se la eseguite quotidianamente dopo 10-15 giorni inizierete a vedere risultati incredibili nella diminuzione dell'ansia...

Una volta terminato di dire a se stessi: "stanotte dormirò come non mai nella mia vita, pieno di pace e tranquillità, la cosa successiva da fare è entrare in uno stato di profondo rilassamento con la seguente tecnica che si chiama respirazione interrotta, che consiste fondamentalmente nell'interrompere il respiro per 13 secondi e poi respirare per 13 secondi..... Questa tecnica fa sì che il vostro sistema nervoso invii segnali diretti alla ghiandola pineale, facendole produrre e secernere l'insieme di ormoni necessari per entrare nelle fasi che precedono il sonno profondo. Quando avrete fatto esattamente come ho descritto qui, dovrete andare a letto con la mente vuota, cioè non dovrete dare spazio a quei pensieri negativi che avevate prima di non riuscire a dormire. Dovete rifiutare tutti questi tipi di pensieri e chiudere gli occhi e pensare solo a riposare... Sono assolutamente convinto che se lo farete come vi spiego qui, farete un passo fondamentale nella vostra qualità di vita verso la guarigione del vostro disturbo.

Le tisane più efficaci per l'insonnia indotta dall'ansia

Tè alla lavanda: è considerata una delle piante più efficaci e potenti per ridurre l'ansia. Inoltre, è ampiamente utilizzata per favorire il sonno nei disturbi dell'insonnia. Inutile dire che contiene numerose proprietà che inducono il sonno, oltre a essere un potente regolatore del sonno. La dose più accurata è un infuso 50 minuti prima di andare a dormire e se ne consiglia il consumo almeno 5 volte alla settimana.

Tisana alla valeriana: utilizzata soprattutto per ridurre e calmare i nervi dell'ansia. La dose consigliata è di 2 infusi 45 minuti prima di andare a letto.

Tè di passiflora: una delle erbe più utilizzate per il trattamento dei sintomi dell'insonnia, la dose consigliata è di 2 infusi un'ora prima di andare a letto.

Tè al tiglio: questa meravigliosa pianta è uno dei migliori tè per addormentarsi grazie al suo potente effetto sedativo, per cui le sue proprietà sono ampiamente utilizzate per calmare l'ansia cronica e lo stress, oltre ad aiutare in larga misura ad addormentarsi rapidamente dopo un'ora dal suo consumo. Grazie al fatto che agisce principalmente a livello del nostro sistema nervoso centrale. Le sue proprietà antispasmodiche aiutano anche a lenire dolori come i crampi mestruali e il mal di stomaco. La dose consigliata è di due bustine in infusione con 200 ml di acqua. Portate a ebollizione e pronte per essere consumate. Il momento è un'ora prima di andare a dormire.

Tè Rooibos: è considerato il miglior tè per l'insonnia naturale. È una combinazione che agisce esclusivamente sul nostro sistema nervoso periferico e centrale contribuendo a riequilibrarlo, aiutando così a regolare l'orologio biologico e ad addormentarsi immediatamente. Infuso consigliato: due bustine 45 minuti prima di andare a dormire.

Camomilla: i rimedi casalinghi sono sempre stati e saranno sempre una delle migliori opzioni che abbiamo a disposizione per calmare qualsiasi condizione che ci preoccupa, soprattutto per l'insonnia e l'ansia; la camomilla. Questa erba, grazie ai suoi potenti elementi, è una delle preferite e più utilizzate per l'ansia. Anche prima che venisse studiata in laboratorio e approvata, questa pianta era già considerata un'erba dalle proprietà calmanti grazie al suo odore morbido e delizioso che emette naturalmente una certa tranquillità e aiuta a portare la calma.

I suoi potenti antiossidanti provocano sonnolenza, motivo per cui è molto consigliato. Se lo utilizziamo insieme agli esercizi già citati, farà miracoli. Il modo più consigliato è l'infuso e la cosa buona è che lo si può trovare in quasi tutti i supermercati del pianeta. Anche i prodotti di aromaterapia che includono la camomilla sono consigliati per il suo aroma, che infonde pace e quindi abbassa l'ansia.

Oltre a contribuire al rilassamento, la camomilla è un potente alleato per i dolori e i disturbi di stomaco, per una buona digestione e come potente antinfiammatorio durante il periodo mestruale. È anche un regolatore naturale del sonno.

Non esiste un dosaggio specifico per tutti, ma il più consigliato è quello di due bustine di camomilla in una tazza grande di tè un'ora prima di andare a dormire. Una tazza di tè al giorno è consigliata per le pause del sabato e della domenica.

Tè di Ashwagandha: è una delle antiche tisane indiane assunta esclusivamente per calmare lo stress e l'ansia, oltre alle sue proprietà rilassanti per indurre il sonno. Un infuso 45 minuti prima di andare a letto è la dose consigliata.

Va notato che si possono fare combinazioni senza superare le tre bustine al giorno in due, purché si sia in buona salute e non si soffra di disturbi cardiovascolari, renali o epatici.

Passiflora: è uno dei migliori infusi perché agisce esclusivamente sul nostro sistema nervoso e ha proprietà sedative e analgesiche. La dose è di due bustine in 250 ml di acqua un'ora prima di andare a dormire.

Tè al luppolo: ideale per un sonno veloce. Anche se non è molto conosciuta, questa meravigliosa pianta si trova in alcune zone dell'Europa orientale e ha un sapore amaro, ma delizioso. Ha effetti sedativi sul nostro sistema nervoso e calma rapidamente i sintomi dell'ansia, dello stress e della muscolatura. La dose consigliata è di due bustine in 300 millilitri d'acqua un'ora prima di andare a letto.

1

Sono riuscita a guarire completamente da questo disturbo... Sono sicura al 100% che anche voi, come me, potete fare lo stesso: uscire da questo inferno che forse vi tormenta da anni. Sono sicuro che non state leggendo questa guida per hobby, ma perché volete davvero essere in pace. Ho deciso di realizzare questa guida un paio di anni fa per condividere la mia esperienza e insegnarvi alcune delle cose che mi hanno aiutato a uscirne, perché desidero con tutto il cuore che molte persone che stanno soffrendo in questo momento ne escano. E che non perdano anni della loro vita confinati a casa o con la paura di non riuscire a dormire o di essere ansiosi. So cosa significa viverla ogni giorno e per esperienza so anche come eliminarla, perché oltre a me centinaia di persone l'hanno fatto nel mio stesso modo. Essendo consapevole che, come ne ho sofferto io, so che ora milioni di persone sono nel baratro e soffrono di questo disturbo, ed è per questo che voglio che facciate tutto ciò che espongo in questa guida.

Dopo la mia guarigione con alcune efficaci tecniche mentali e dopo alcune settimane di riflessione, ho deciso di dire alla mia famiglia che avrei fatto un piccolo libro sulla mia esperienza e su come sono riuscito prima a controllare l'ansia e poi a eliminarla. All'inizio molti dei miei familiari si sono stupiti di come io, un comandante delle forze speciali, abbia sofferto di questa condizione angosciante, e pensano che solo le persone di carattere debole possano averla, ma questo è ben lontano dalla verità.

Non l'ho fatto per motivi economici, perché onestamente non ne ho bisogno. L'ho scritto con lo scopo di aiutare davvero tutte quelle persone che soffrono e piangono questa maledetta condizione, come sempre un gattino travestito da mostro innocuo, ma che allo stesso tempo distrugge a poco a poco la vostra vita. Va notato che con le tecniche precedentemente menzionate e la meditazione guidata è possibile guarire naturalmente dall'ansia nel giro di pochi mesi, e superarla sicuramente per sempre.

Tutto ciò che deriva dall'ansia generalizzata e dagli attacchi di panico non è altro che una richiesta di aiuto da parte della nostra mente subconscia. Per essere più chiari, sta alzando la voce per chiedervi di cambiare la vostra vita, i vostri comportamenti e le vostre abitudini, e di riportarvi in equilibrio prima che qualcosa vi abbia fatto perdere l'equilibrio. Una cosa che mi piace sempre sottolineare è che se volete come primo passo chiedere un aiuto professionale e specializzato, questo libro non vi incoraggia mai a non chiedere aiuto, anzi.

Dovete avere ben chiaro che non state impazzendo se soffrite di continui attacchi di panico o di tutti i sintomi del tag. Solo perché uno specialista della salute vi ha diagnosticato il disturbo, non significa affatto che passerete il resto della vostra vita con esso, ma al contrario, dovete avere questa motivazione e mettere in atto le tecniche che vedremo più avanti. Capisco che possano essere un po' fastidiosi e angoscianti quei momenti di derealizzazione o di depersonalizzazione o di angoscia notturna, ma permettetemi di rassicurarvi che anche se la vostra mente pensa che state per morire non vi succederà nulla, passerà presto, abbiate fede; passeranno. Una notte insonne non vi ucciderà, così come un attacco di panico. Inserite le tecniche che seguono, che sono l'ultimo passo verso la vostra pace interiore.

La mia storia di come sono riuscito a sconfiggerlo - ho provato lo stesso dolore che avete provato voi

L'ansia è uno stato alterato della nostra coscienza che ci circonda di angoscia e paura e ci impedisce di vivere in pace e ci toglie la felicità, e la cosa peggiore è che dura anni, se non a volte una vita intera. Ho conosciuto persone che sono state in questo inferno per tutta la vita e non sono mai state felici. Come diceva Mark Phus, uno psicanalista, "se non hai mai il coraggio di fare quel passo per uscire dall'ansia, sei venuto al mondo solo per fare brutte esperienze e non per vivere davvero la vita che è". Allo stesso modo in cui lei sta singhiozzando per la sua condizione, io ero così prima di trovare la soluzione. Quindi ribadisco: c'è speranza. Non perdete la fede.

Sono passati alcuni anni da quando mi sono trovato nell'abisso, e oggi posso dire con orgoglio che sì, anche da militare d'élite ho avuto l'ansia e ho pianto di notte per la paura... Lo dico con totale accettazione, non come quelle persone che non vogliono fare il passo di accettarlo per paura delle opinioni della famiglia o degli amici e di essere etichettate come deboli. Ma ricordate, è la vostra vita, è la vostra felicità che è in gioco.

E sì, forse all'epoca non l'ho accettato pienamente a causa della mia posizione militare e dell'essere giudicato timoroso o debole. Inoltre, la mia posizione era a rischio. Soffrivo di tutti i sintomi dell'ansia fino agli attacchi di panico. Come pensieri negativi debordanti, intorpidimento delle braccia, delle gambe e di metà del viso, notti insonni, paure infondate, un'angoscia mentale di peccato che mi faceva pensare al suicidio perché il senso di colpa era stratosferico, pensieri di blasfemia, vuoto esistenziale, frustrazione, paura che i parenti più stretti morissero, pensieri catastrofici futuristici, sensazione di irrealtà, sensazione che il mio corpo uscisse da me: spersonalizzazione, paura di morire d'infarto per tachicardia, ecc.

Forse state leggendo questa guida perché volete aiutare una persona a voi cara, o semplicemente avete fatto quel passo per uscire finalmente dal vostro inferno ed essere di nuovo felici, e questo merita sincere congratulazioni.

L'ansia generalizzata è in grado di strapparvi la felicità e di rendervi schiavi di ciò che le vostre paure o fobie vi impongono..... Forse avete appena iniziato o lo siete già da qualche anno e non volete arrivare a questi estremi o continuare a soffrire, in altre parole, più facile da capire, volete guarire subito. Fortunatamente è possibile, proprio come è successo a me qualche anno fa. Perché lo dico con tanta sicurezza, vi chiederete? Perché ho sofferto di una delle ansie più brutali che si possano avere e ne sono uscita vittoriosa dopo pochi mesi di applicazione del metodo completo che spiego qui, e ora sono una persona piena di pace e felicità, senza insonnia né attacchi di panico. Forse è un po' ripetitivo, ma dovete fare esattamente quello che vi dico qui, anche se pensate che sia una sciocchezza, perché se lo fate con fede: guarirete. Ora comincerò dall'inizio:

Il mio inferno è iniziato il 22 dicembre 2000 durante una vacanza in Svizzera. Prima di andare in Europa ero stato in alcune parti del mondo a condurre un addestramento di forze speciali d'élite, quindi avevo avuto un anno pieno di sfide piuttosto piacevoli nella mia vita lavorativa... finché in quell'hotel di lusso dove alloggiavo e mi godevo il mio riposo un giorno arrivò lei, sì. Fottuta ansia.

È risaputo tra i professionisti della salute mentale che un attacco di panico di solito si verifica quando un individuo è più felice. E posso confermare che è successo anche a me. Come vi dicevo all'inizio, mi trovavo a Ginevra, in Svizzera, dopo una bella giornata trascorsa a godermi i monumenti e le attrazioni turistiche della città. A tarda notte, quando mi stavo preparando a riposare perché avevo intenzione di continuare a esplorare la città, è successo che da un secondo all'altro una vocina dentro di me si è attivata e mi ha chiamato Simmons; in quel momento la prima cosa che ho pensato è stata che avevo mangiato del cibo avariato e che avevo le allucinazioni, ma siccome ero estremamente esausta e assonnata ho pensato che fosse solo frutto della mia immaginazione, così l'ho ignorata e mi sono addormentata completamente. Verso le 2 del mattino mi svegliai e saltai giù dal letto con un inizio pieno di terrore.

Ricordo ancora quando aprii gli occhi nel mezzo dell'oscurità e il petto mi faceva male come una stretta e una mancanza d'aria... una paura mi invase e non sapevo cosa fosse, non c'era logica in quell'istante, mi sentivo così confuso e disperato che i miei innumerevoli addestramenti militari non erano serviti a nulla. Per un istante pensai che sarei morto in quella stanza. Era una cosa nuova per me.

Ma non era finita lì, la parte peggiore sarebbe arrivata dopo. Una sensazione di paura brutale si impadronì della mia mente e a tratti pensai di impazzire, temevo che se fosse stato vero avrei fatto qualcosa di folle e mi sarei buttata dal nono piano dove mi trovavo. In quel momento ho iniziato a piangere e a urlare e mi sono chiusa in bagno. In quel momento di paura mi si è allentato l'intestino e mi è venuta la diarrea e ho vomitato per la paura. Dentro la doccia ho passato la maggior parte della notte in posizione fetale, coperta dagli asciugamani. Ci sono stati momenti in cui l'angoscia nella mia mente era brutale, se non insopportabile. A un certo punto mi è passato per la testa di annegarmi nella vasca da bagno, mi stavo grattando e la sensazione non passava. Alla fine della notte mi sono reso conto che la mia stessa mente aveva paura di se stessa, una cosa del tutto sconosciuta per me.

Io, un comandante delle forze speciali d'élite decorato nel mondo, che aveva condotto innumerevoli missioni in tutto il mondo e aveva vissuto situazioni difficili, me ne stavo lì a piangere dentro una stanza, incapace di controllare una semplice paura infondata senza una causa apparente della mia mente che mi aveva barricato dentro tremando di paura, ed era l'ansia, quel gattino travestito da mostro.

Il giorno dopo, quando aprii gli occhi dopo aver dormito per un paio d'ore, mi diressi verso le finestre di quella lussuosa stanza. Tremavo ancora, ma era quasi impercettibile per tutto lo stress e la paura che avevo vissuto ore prima. La mia testa era ancora mezza confusa, come se non fossi nella realtà. Guardavo le cose senza il loro colore come se fossero grigie, mi sentivo molto strana, è una cosa che solo chi l'ha vissuta può capire. Un paio di minuti dopo essermi svegliato decisi di tornare a dormire pregando che la sensazione sarebbe sparita una volta riposato completamente e che era tutto frutto del cibo che avevo mangiato.

Già al mattino non volevo dire nulla al mio compagno che mi accompagnava di questa esperienza sconosciuta che avevo vissuto per paura che mi etichettasse in modo dispregiativo come un frocio o un finocchio come vengono chiamati di solito i deboli nel mio mondo. I livelli militari a cui appartenevo sapevano che ciò che avevo subito non era molto tollerabile, e per logica non era permesso. Perché immaginate un comandante che fa un esempio del genere, verrebbe immediatamente licenziato. I giorni passavano e io continuavo a godermeli in Svizzera a Ginevra, ma allo stesso modo, ogni notte una serie di sintomi dello stesso disturbo continuavano a manifestarsi in misura maggiore o minore, a volte più forti, a volte diversi. A un certo punto, questo mi ha causato un trauma e una paura nello spirito che mi ha reso debole e, logicamente, non potevo godermi il riposo come volevo.

A casa, i sintomi aumentavano e le scene continuavano a ripetersi, il che ha avuto immediatamente la meglio sulla mia forza mentale, per cui non ho avuto altra scelta che chiedere un aiuto privato. Arrivai nello studio di quello specialista piena di paure infondate e paranoiche. Il medico mi prescrisse delle pillole di cui dovrei essere grata perché, ancora una volta, grazie ad esse riuscii a dormire e l'ansia se ne andò come era venuta. Così, con un po' più di fiducia in me stessa, ho superato molto bene alcuni giorni e poi ho abbandonato le pillole perché stavo diventando co-dipendente, una tossicodipendente.

Ma purtroppo, una volta smesse le pillole, il mostro è ricomparso come per magia, ma questa volta non era più il gattino, era un mostro e ha scatenato ogni sintomatologia che si possa immaginare. Ma in qualche modo ero ancora testarda e cercavo di minimizzare con: "Simmons, non hai niente, non sono le tue medicine, è la tua mente, non ti succederà niente". - Continuavo a ripetermelo, ma lo dicevo piena di paura.

In base alla mia comprensione della salute mentale, ritenevo che si trattasse di fantasie della mia mente o di un prodotto dello stress e che non mi avrebbero arrecato alcun danno, nonostante fossero angoscianti e orribili. Decisi quindi di non seguire il trattamento del medico della salute mentale. Così mi rassegnai consapevolmente al fatto che avrei sofferto di insonnia, attacchi di panico, diarrea, paure, nausea e disperazione che mi portavano a grattarmi la pelle e a mordermi di notte per l'angoscia oscena.

Ora che mi guardo indietro mi rendo conto che è stato un errore interrompere il trattamento in quel momento, perché è a questo che servono i farmaci professionali, che in qualche modo aiutano a gestire i terribili sintomi, anche se non sono la soluzione.

In linea di massima, tutto quello che ho raccontato trascrive in sintesi quello che ho vissuto io e quello che vivi tu ora nella tua esperienza. Ora la tua vita è un inferno, lo so, ed è per questo che ribadisco con certezza al 100% che qualunque sia il tipo di ansia e i sintomi che ne derivano, puoi guarire da solo. Quindi, se stai frequentando un professionista della salute, ti prego di non smettere, puoi continuare con loro e con i consigli che ti do in questo libro per sostenerti.

Devo essere ripetitivo e non voglio che pensiate che l'autore di questa guida sia lontano da ciò che state vivendo. Ho vissuto e conosco tutti i sintomi dell'ansia che provate e molti di quelli che forse non avete mai provato, ma che a un certo punto, nel corso degli anni, si presentano e scompaiono. Per questo motivo, il mio desiderio è che seguiate alla lettera le indicazioni che espongo qui su come sono riuscita a farlo. Ed è stato in parte grazie al potere del metodo dell'immaginazione positiva-obiettiva. Anche se devo essere sincero, non esiste un metodo o un trattamento magico che possa curare l'ansia da un giorno all'altro, quindi se seguirete l'intera serie di consigli contenuti in questo libro, forse aiuterà il 78% delle persone che soffrono di disturbo d'ansia generalizzato, ma come ho sempre detto, se vi aiuterà in qualche modo, il mio obiettivo è già stato raggiunto.

Il potere del nostro subconscio

Cominciamo dal nostro subconscio. Come dice uno dei più prestigiosi psicoanalisti del pianeta, Frander Mrtle, il nostro cervello è governato da due potenti parti, quella che governa il nostro io interiore. In parole più semplici, la mente cosciente e la seconda è la nostra mente inconscia, che è la zona invisibile sempre attiva, che si dorma o meno, e che è responsabile di tutti i nostri processi fisiologici.

Per fare un esempio, quando dormiamo è questa parte inconscia che si occupa di far battere il nostro cuore o di far funzionare tutti i nostri organi, nonché di tutti i processi che avvengono ogni secondo nel nostro corpo. Ma il suo potere non finisce qui: secondo i neurologi e gli specialisti del cervello umano, la nostra mente cosciente ha la capacità di generare 44 bit al secondo, ma a differenza di questa la nostra potente mente subconscia è in grado di generare milioni di questi bit al secondo, per cui, analizzandola, è molto potente. Secondo alcuni esperimenti condotti, la nostra mente umana è in grado di generare quasi 75 mila pensieri al giorno, di cui la maggior parte non si rende conto, e sapete chi li elabora tutti? Sì, la nostra meravigliosa mente subconscia. Perché immaginate se lo facesse la nostra mente cosciente, cioè l'io interiore, impazziremmo letteralmente.

Fino a questo punto ho mostrato solo dati, ma prendetevi un secondo per riflettere su quanto siamo meravigliosi per avere quella parte invisibile chiamata mente cosciente e vi chiederete perché, ve lo spiegherò in modo semplice. Come avete letto sopra, la nostra mente cosciente può eseguire solo 44 bit al secondo, mentre la nostra mente subconscia esegue milioni, migliaia, persino milioni di processi biologici al secondo, ma la cosa sorprendente è che è la nostra mente cosciente, in parole povere voi, ad avere il controllo delle scelte e delle decisioni. Come la luna non ci chiede il permesso di atterrare ogni notte, così è per il nostro inconscio, che introduce pensieri di ogni tipo e spesso negativi senza rendersene conto. Purtroppo il nostro subconscio non è libero, è solo pronto a obbedire a ciò che il conscio gli ordina di fare. Sia consciamente che inconsciamente. E tutti questi ordini cerca di eseguirli così com'è. Tutti questi ordini che vengono citati dal conscio al subconscio sono ciò che alla fine dà forma a tutta la nostra realtà. E allo stesso modo in cui ve lo esporrò, ve lo darebbero in uno qualsiasi dei migliori centri di salute mentale del pianeta come terapia, perché nella loro maggioranza usano gli stessi metodi e le stesse tecniche, ma a volte con nomi diversi perché sanno bene che lì risiede la possibilità di sconfiggere definitivamente il disturbo dell'ansia generalizzata.

Pertanto, va notato che se cambiassimo l'accumulo di pensieri negativi in pensieri positivi e iniziassimo a inviarli al nostro subconscio, potremmo riprogrammare in breve tempo molti processi mentali dannosi per la nostra mente, come cattivi vizi, abitudini dannose e pensieri negativi, ecc. Fortunatamente, la nostra mente subconscia è in grado di essere riprogrammata tutte le volte che lo desideriamo, quindi non dovete preoccuparvi troppo del vostro futuro con l'ansia, perché sarete in grado di guarire.

Potrà sembrarvi sciocco, ma la vostra ansia è quasi interamente il prodotto di una mente subconscia sbagliata. Proprio come te, anch'io vivevo in uno stato di paura tale che persino di notte mi strappavo i capelli perché non riuscivo a dormire, perdevo il controllo e urlavo a squarciagola. Quello che voglio farti capire è che non sei l'unico; ci sono milioni di persone che soffrono come te, ma molti provano e riescono a controllarla o a eliminarla a differenza di chi ha paura o crede che non ci sia una cura. Voglio che tu capisca che io mi sono trovato nella tua stessa situazione e ci sono riuscito. Sì, lo sottolineo, non è stato facile, ma non è stato impossibile. Mi ci sono voluti almeno 4 mesi per tenerla sotto controllo e dopo un anno faceva già parte del mio passato.

Forse avrete trovato le mie spiegazioni un po' tediose e noiose, ma credetemi, era importante che sapeste a grandi linee come funzionano le due parti del nostro io e come il metodo della meditazione sia così potente in entrambe le parti: il subconscio e il conscio per guarire rapidamente. Inoltre, è clinicamente provato che tutto ciò che pensiamo nella nostra mente conscia viene automaticamente trasferito alla nostra mente subconscia e quest'ultima lo traduce come se fosse qualcosa di reale, e quindi di solito invia sempre reazioni fisiologiche, creando gradualmente scompiglio nel nostro corpo come nervi o ansie.

Per questo motivo, se indirettamente o direttamente dirigete pensieri dannosi di odio, risentimento, invidia, stress ecc. il vostro subconscio li raccoglierà e forse mesi o anni dopo inizierà a un certo punto ansie, fobie e una vita squilibrata.

Il potere delle affermazioni

Prima di mostrare la tecnica devo dire che ero totalmente incredulo nei confronti di questo metodo che alcuni chiamano affermazioni, ma ho smesso rapidamente di esserlo una volta provati i grandi risultati... Ho comunque approfondito la ricerca di argomenti simili e ho notato uno schema nella maggior parte delle guide che si riferivano al metodo, lo facevano sempre con idee simili, ma citando i nomi in modi diversi.

Partiamo ora da ciò che vi interessa. Forse conoscete la leggendaria legge di attrazione, molto famosa e dai risultati sorprendenti. Vi chiederete come funziona, ebbene, funziona con tutto il potere dei vostri sensi, sensazioni e pensieri. Il problema di questa legge di attrazione è che di solito riusciamo sempre ad attrarre cose negative da ciò che ci circonda, che siano comportamenti sbagliati o pensieri appresi dannosi. In parole comprensibili, tutto ciò che accade nella vostra vita non è arrivato da un giorno all'altro, ma lo avete attratto con il vostro subconscio e poi sono arrivate le cattive abitudini, le cattive pratiche provocate direttamente o indirettamente dai vostri pensieri. Tutto passa attraverso la nostra mente di controllo che è il conscio per poi programmare il subconscio che è come il regolatore fisiologico di tutto il nostro io. Vorrei sottolineare che questa non è filosofia da quattro soldi, ma è scientificamente provata da più di un decennio.

Chiudo gli occhi e mi vedo nel passato, prima che iniziasse la mia ansia generalizzata, e mi vedo con tutti i tipi di cattive abitudini nonostante la mia disciplina militare, pensieri dannosi, invidia, tossicità in ogni modo, ero una merda con le altre persone, gelosia, e molto altro... E tutte queste cose insieme hanno creato nel tempo, direttamente e indirettamente, degli schemi mentali nel mio inconscio, finché a un certo punto l'equilibrio è esploso ed è arrivato il mostro dell'ansia. E questo accade in tutti coloro che soffrono di questo disturbo, molte volte non ci analizziamo e crediamo che la nostra vita sia normale, e che siamo brave persone o che stiamo facendo le cose per bene. Ma è bene analizzarsi anche quando siamo giovani e non ci sembra di avere grossi problemi. Perché anche gli adolescenti hanno spesso ansie dovute a molte cose, tra cui il bullismo o la scarsa autostima.

Le leggi che governano l'universo non comprendono moralmente buoni o cattivi, ma tutto è governato da una legge di causa ed effetto, e ho capito che questo era il mio problema; i miei cattivi pensieri di ogni tipo stavano in qualche modo creando in me frustrazioni: malumore, disturbi e squilibri mentali che arrivavano a un punto tale da non poter sostenere la mia mente e la liberavano causando il mio disturbo. Una volta compreso tutto ciò che riguarda la potente legge di attrazione non mi sono fermato e ho cambiato tutta la gamma di pensieri nocivi che erano entrati nella mia mente esclamando durante il giorno solo frasi positive, quando dico che tutto il giorno erano le dodici ore. E l'ho fatto ogni giorno ricordandomi di dire e cercare di fare ogni azione solo con l'atteggiamento migliore per liberarmi di tutti quei cattivi schemi mentali che erano in qualche modo direttamente collegati alla mia ansia e ai pensieri che creano cattive abitudini.

Nel libro di Udany Vaeru Nuova coscienza per calmare l'ansia potete scoprire bellissimi esempi di questo metodo di attrazione che potete utilizzare. Per esempio, potreste dire: "Ti farò diventare mio amico perché sei già uscito dalla mia vita, proprio come i tuoi attacchi di panico che mi hanno fatto molto male, oggi sono felice, sono molto felice anche se sento ancora delle sensazioni nel mio corpo, so che presto non le sentirò più e quindi me le godrò... mi amo con tutto il cuore, oggi smetterò di fumare, oggi smetterò di essere infedele, oggi smetterò di frequentare i bar con le donne, sono mentalmente e fisicamente sano perché sono parte dell'universo...".... tutti questi tipi di affermazioni positive hanno un potere diretto sul nostro inconscio che si riprogramma immediatamente. Tuttavia, non dovete mai menzionare nel processo di affermazione cose o pensieri o azioni negative come: mi sento malissimo, sono una schifezza, non ho soldi, sono stufo di non riuscire a ottenere nulla, la mia vita è una schifezza, questi pensieri mi spaventano, ecc. Quindi non fatelo, non fate pensieri negativi o azioni negative perché accoglierete il disturbo, che è l'unico modo che la nostra mente subconscia ha per liberare tutta la tensione emotiva accumulata che si manifesta nel nostro organismo fisico.

Così ho ricominciato il processo di riprogrammazione, come ho detto. E ogni mattina, quando mi svegliavo, la prima cosa che facevo era dire a me stesso preghiere positive e potenti che mi avrebbero dato pace e calma. Una cosa fondamentale da menzionare è che non dovete ripeterle come un robot una volta stabilite le affermazioni che direte a voi stessi, ma dovete farlo con fede e con tutta la vostra forza che in verità quelle preghiere o frasi potenti che dite a voi stessi possono davvero cambiare il vostro stato mentale e che sono efficaci per riprogrammare il vostro inconscio. Se non siete sicuri di cosa dire a voi stessi, dovreste fare almeno un elenco di 10 affermazioni potenti da portare con voi per la prima settimana e ripeterle ogni mattina e ogni sera.... Potete farlo per almeno un mese, ma attenzione! Dovete cambiare le vostre abitudini, il vostro stile di vita e il vostro modo di pensare in positivo, niente di negativo, se lo fate, non avrete bisogno di nessun altro se non di voi stessi per sconfiggere il mostro.

Nonostante quanto detto sopra, devo essere sincero, questo potente metodo di affermazioni attraverso la ben nota legge di attrazione, sebbene sia estremamente efficace in alcune persone, i suoi risultati non sono così veloci, ma se avete un po' di pazienza, che è una virtù, vedrete e sentirete la sua efficacia nelle prime 5 settimane da quando avete iniziato. Personalmente ha funzionato per me dopo 4 settimane, e l'ho fatto mentre abbandonavo vizi e cattive abitudini mentali. .... In 4 settimane ho già provato sicurezza, tranquillità, calma, positività e la cosa più importante: la felicità, cosa che non avevo provato negli ultimi dieci anni. Questa legge è universale, quindi non importa il periodo dell'anno, sarà sempre efficace. Certo, è più lenta a produrre risultati, ma poiché è una legge universale che governa la vita, porterà la guarigione nella vostra vita una volta che avrete cambiato il vostro vecchio schema mentale con uno nuovo. Con le semplici ma potenti affermazioni la vostra vita cambierà e l'ansia sparirà senza che ve ne rendiate conto. D'ora in poi iniziate ad essere sempre positivi. Sì, anche se le cose non vanno bene... pensate a cose positive come se stessero già accadendo nella vostra vita, come se fossero già una realtà. Se lo fate, indipendentemente dal fatto che diventino realtà o meno, invierete al vostro subconscio schemi e ordini per riprogrammarvi verso una persona migliore e quindi verso un nuovo stato mentale libero dai fastidiosi disturbi dell'ansia generalizzata.

Ecco 10 potenti affermazioni che facevo ogni mattina e prima di andare a letto. Vi consiglio di creare le vostre, quelle in cui vi identificate maggiormente:

1. Simmon, oggi sarai felice, sì molto felice, perché puoi ancora respirare e hai molte cose per cui lottare ed essere felice.

2. Simmons, non mi arrenderò mai, ecco perché sorriderò sempre, indipendentemente dalla tempesta....

3. "Simmons non ha più paura della paura, anzi, vuole essere vostro amico perché presto se ne andrà e non tornerà più". Ridete di lui in modo che se ne vada quando ha un attacco di panico. Se ridete con coraggio vedrete come se ne va subito, penso che la furia in quei momenti faccia fuggire la paura, essere forti in quel momento, avere furia fa fuggire qualsiasi panico....

4. Basta con la vita promiscua, starò lontano dai bar e dai luoghi del vizio.

5. Oggi andrò a correre in montagna.

6. Ho degli obiettivi da raggiungere e li raggiungerò volentieri.

7. Mi sento molto bene.

8. Dormirò senza paura perché sono felice senza preoccupazioni.

9. Non mi preoccupo più di nulla, vivo ogni giorno.

10. Sono sano, sono in salute, mi sento bene...

Meditazione per l'ansia

La meditazione è stata una parte fondamentale ed essenziale della mia guarigione finale, ma forse vi starete chiedendo in cosa consiste questo metodo efficace. La pratica della meditazione consiste nell'esercitare il proprio stato mentale. In pratica, si tratta di non trasmettere alcun tipo di pensiero al subconscio mentre viene eseguito, ma di sentirlo solo in quello stato presente, senza portarlo nel passato o nel futuro. In questo stato la nostra mente, il nostro subconscio e il nostro conscio possono entrare in sintonia ed equilibrio, e quindi calmarsi e smettere di inviare sensazioni spiacevoli al nostro corpo...

Questa pratica porterà sempre buoni risultati per tutta la nostra salute e molto meglio per la nostra mente, e questo perché diminuisce notevolmente i livelli di ansia e di stress che contribuiscono notevolmente alla segregazione degli ormoni della felicità. Non solo ha benefici per l'ansia, ma sarà di supporto quando si abbandonano vizi e cattive abitudini.

I professionisti della salute mentale lo hanno raccomandato negli ultimi anni come efficace trattamento alternativo per liberarsi dall'ansia. Uno dei primi psicoanalisti che l'ha utilizzata con successo e con l'88% di risultati positivi è stato Peter Kelt in uno dei migliori ospedali degli Stati Uniti. Grazie ai suoi incredibili risultati, molti specialisti hanno iniziato a utilizzarlo perché ristruttura la nostra mente a uno stato precedente nei processi mentali.

Oltre all'insieme di tecniche citate nelle prime sezioni di questa guida che mi hanno aiutato e curato, anche la meditazione è molto importante e la praticavo due volte al giorno, al mattino e prima di andare a dormire, mi dava una pace incredibile. Ora sono sereno e felice. L'aspetto positivo di questa pratica è che funziona quasi per tutti, cioè secondo lo studio mentale Hehl USA su 1000 persone che l'hanno effettuata ha testimoniato che nei primi 2 mesi 920 persone hanno raggiunto una guarigione dall'ansia del 70% senza contare il resto dei mesi successivi, ovviamente va detto che molte ansie sono moderate e con questa pratica potrebbero uscire dalla vostra vita mentre altre ansie croniche richiedono più tempo, ma è un buon modo per guarire.

Ora vi racconterò in sintesi come ho vissuto la mia esperienza con questo metodo. La mia ansia era così brutale che non riuscivo nemmeno a tenere gli occhi chiusi, sai i pensieri intrusivi e tutti i tipi di disagio notturno, oltre agli incubi e ai maledetti attacchi di panico che mi impedivano di raggiungere la pace mentale, e in questa fase della mia vita stavo appena iniziando a praticare le affermazioni. Ma dato che ero nuovo, continuavo ad avere ansia per giorni o settimane, ma fortunatamente in questa fase sono stato introdotto alla meditazione. Ricordo ancora che stavo guardando un video sul valore della nostra vita e all'improvviso ho capito, mi è arrivato un intero gruppo di emozioni e mi sono resa conto di cosa stava succedendo nella mia vita. Avevo due scelte: guarire una volta per tutte o provare con quello che avevo, e anche se le affermazioni erano fantastiche, ci sarebbe voluto del tempo. Quindi a questo punto è necessario meditare, cosa sta succedendo nella vostra vita, a che punto siete, le affermazioni possono guarirvi, ma con la meditazione è molto più veloce.

A questo punto riuscivo a dormire e a tenere sotto controllo l'ansia quando avevo un attacco di panico, ma ovviamente non ero ancora completamente guarita, perché la mia ansia, come ho detto prima, era cronica, ma ero migliorata incredibilmente rispetto a come ero. Volevo guarire completamente, arrivare al problema. Così, anche se non volevo farlo, ho iniziato a cercare uno specialista che potesse aiutarmi con il metodo della meditazione e grazie a Dio ho trovato lei. Poly era la mia insegnante che utilizzava il metodo della meditazione guidata con immagini positive.

Era una specialista e utilizzava la meditazione immaginativa su tutti i pazienti che aiutava. La prima cosa che mi diceva era di sedermi comodamente sul pavimento, ma si può fare anche sdraiati o semisdraiati. Poi con la sua voce accompagnata da una melodia armoniosa mi immergeva in un profondo rilassamento. Poi ti impone di concentrarti solo sulla tua respirazione lenta ma profonda, poi ti sussurra di sentire ogni dettaglio su come controllare ogni area del tuo corpo mentre lo rilassi, e infine ti conduce attraverso una serie di ordini in modo da disegnare nella tua mente attraverso la visualizzazione il luogo più armonioso e pacifico dell'universo. E pochi minuti dopo l'ho fatto, si entra in un profondo stato mentale di tranquillità che è difficile da immaginare se non lo si vive nella propria carne.

Se lo fate da soli, vi visualizzerete nell'immagine mentale che avete scelto, pieni di felicità e di pace... quando riaprite gli occhi, qualcosa cambia nella vostra percezione delle cose. Ad esempio, tutto è più calmo, più lento, con più positività ed energia.

Ricordo ancora quando l'ho fatto per la prima volta. Ed è stato particolare. Per i primi 15 minuti sono rimasta seduta cercando di non muovermi, mentre la voce dolce e lenta del mio insegnante mi guidava attraverso l'intero processo della tecnica. Dentro di me facevo l'immagine mentale con difficoltà, perché era la prima volta. Devo dire che all'inizio non pensavo che mi avrebbe aiutato molto, ma solo nella prima seduta ho sperimentato quello che non avevo provato per anni: la pace, quella pace che non pensavo sarebbe mai tornata. Ed è stata ovviamente provocata dalla meditazione guidata con visualizzazione. Solo quella notte l'insonnia è sparita. Andavo 4 volte a settimana e la mia guarigione è avvenuta gradualmente nei mesi successivi. Molte persone sono increduli, pensano che la meditazione sia stupida e la considerano una moda ridicola, ma io posso confermare che funziona davvero. Oltre a essere scientificamente provato, questo metodo di meditazione guidata con immagini aiuta a riequilibrare il nostro subconscio fin dalla prima sessione. Inoltre, dà grandi benefici al di là dell'ansia in quanto permette di liberare l'energia accumulata nei muscoli e aiuta a ossigenare tutto il corpo e per inerzia il benessere mentale.

Praticare quotidianamente la meditazione permette di eliminare rapidamente le paure e di controllare gli attacchi di panico più facilmente di quanto non si riesca a fare se si riesce a controllarli rapidamente.

Quando un individuo medita entra in un livello di coscienza simile all'energia che fluisce al momento del sonno, con la differenza che in questo stato di meditazione lasciamo attivo il nostro io, cioè la nostra mente cosciente ed è lì che risiede il potere. Così facendo rendiamo possibile una comunicazione diretta tra il conscio e il subconscio, trascendentale per impartire ordini ad esso e in questo modo riprogrammarlo per mezzo di messaggi positivi derivati dalle immagini o dai messaggi mentali. La cosa incredibile è che la nostra mente si adatta a tutto, cioè, non importa se soffriamo da quattro decenni di ansia, con la tecnica della meditazione guidata visualizzata riusciremo a guarire rapidamente.

Per darvi un esempio pratico di come potete realizzarlo... se volete liberarvi di una paura che vi fa soffrire, chiudete gli occhi e lentamente entrate nella vostra mente per ricreare con l'immaginazione quella visualizzazione che vi sta facendo paura, e dovete affrontare quella paura con la fede di non averne paura. Una cosa importante da dire è che dovete visualizzare ciò che vi fa paura nel modo più dettagliato possibile, immaginandovi davvero in quella scena, luogo, cosa o situazione. Il vostro subconscio vi obbedirà alla lettera ogni volta che gli ripetete quotidianamente uno schema fisso. Ad esempio: "Non ho più paura di parlare davanti alle persone, non ho più paura che pensino quello che vogliono. Non avrò mai più paura, mi vedo libero dall'ansia e mi godo la vita..." Visualizzazioni come queste vanno fatte ogni giorno. Sono così semplici e così potenti nel vostro subconscio perché generano nuovi schemi. Questo vale per qualsiasi cosa, paura, abitudine... la nostra mente subconscia dovrà sempre obbedire perché è la nostra schiava, proprio così, schiava della mente cosciente: voi.

È bene chiarire che la serenità non sempre si raggiunge nei primi giorni, ma c'è sempre un punto di partenza per il miglioramento e la cosa positiva è che è sempre progressivo fino al raggiungimento della guarigione. Per questo, è necessario essere pazienti e persistenti, e non arrendersi mai. Perché a un certo punto ci si arriva. La maggior parte delle persone che si sottopongono a questa tecnica ottengono ottimi risultati fin dalle prime due settimane, al punto che in molte persone l'ansia e gli attacchi di panico scompaiono.

Molto probabilmente conoscete molte persone a voi vicine a cui tutto va benissimo sotto ogni aspetto, da quello economico, a quello amoroso, a quello sociale e sembra che non abbiano mai problemi come quelli di cui soffrite voi; ansia generalizzata o insonnia o disturbi da panico e questo è in gran parte dovuto al fatto che inconsciamente conoscono il segreto della mente o semplicemente incanalano sempre pensieri positivi nel subconscio anche se hanno cattive abitudini, ma sono positivi e questo obbedisce loro in tutto. Al contrario di loro, ci sono individui a cui va tutto storto in tutti gli aspetti e che sviluppano disturbi derivati da ansia, depressione, paure, ecc. E questo è dovuto principalmente al fatto che hanno inviato indirettamente o direttamente per lunghi periodi di tempo messaggi negativi, abitudini ecc. al subconscio, come ad esempio pensieri pessimistici di povertà, odio, invidia, gelosia, ecc.

Indipendentemente da ciò che avete subito o meno per arrivare ad avere l'ansia generalizzata dovete tenere presente che la vostra mente cosciente o voi siete il pilota che guida il volante e che dirige la macchina del subconscio, e potete solo indirizzarla verso la direzione che volete. Se gli date un ordine obbedirà, ma se gli lasciate prendere il controllo vi porterà molte complicazioni come: disturbi, paure, ansie, quindi dovete fare attenzione a tutto ciò che fate, dai pensieri, alle abitudini, ai comportamenti.

Visualizzazione per eliminare l'ansia

È una tecnica che mi ha davvero stupito per la sua efficacia e che porterà molta tranquillità nella vostra vita. È una delle tecniche più sorprendenti in circolazione, nota come "quadrato della pace". E non è così difficile da fare. Anzi, è più facile di quanto si pensi. In un luogo appartato, lontano dai rumori e dagli sguardi degli altri, dovreste mettere delle immagini stampate in base a ciò che volete ottenere, per esempio la pace nella vostra vita.

Dovreste quindi collocarle nei luoghi in cui trascorrete la maggior parte del tempo, perché in questo modo le guarderete in continuazione e invierete alla vostra mente il messaggio subliminale di pace. L'idea è quella di portare una raffica di stimoli di calma e tranquillità alla sua mente conscia e subconscia, cioè stimoli diretti di pace e armonia per tutto il tempo. Ad esempio, potrebbe essere un'immagine in cui si osserva una coppia completamente felice in mezzo a un campo di grano, una famiglia che si diverte in mezzo a una foresta. O semplicemente un bel paesaggio.

Potreste pensare che si tratti di una sciocchezza, ma credetemi, la reazione è cumulativa e presto, nel giro di giorni o settimane, vedrete i risultati. In qualche modo, il vostro subconscio continuerà a lanciare stimoli positivi nella vostra mente più e più volte, e come reazione risponderà automaticamente con cambiamenti positivi in tutto il vostro organismo, come l'equilibrio mentale, la diminuzione dell'ansia e la scomparsa dei disturbi. E quando ci penserete, sarete già usciti dall'incubo e lo vedrete solo come un lontano passato.

Questa tecnica è fondamentale da praticare ogni volta che si va a dormire. È consigliabile praticarla un'ora prima, mentre il tè di vostra scelta sta facendo effetto. Dovete entrare in quell'immagine mentale, qualunque essa sia, ma deve trasmettere tranquillità, che è la cosa più importante, e dovete anche analizzare la stessa immagine. Credetemi, è molto funzionale. Infatti, gli stessi pubblicitari lo attuano con un successo incredibile. Per fare un esempio. Quando vedete una pubblicità in TV o su Internet e si tratta di una patatina, è probabile che finiate per acquistarla. Lo fanno almeno 5 persone su 7 che guardano uno spot. E questo perché funziona allo stesso modo della tecnica che vi mostro qui. Quello che succede è che il nostro io, cioè il nostro conscio, trasmette un segnale di desiderio quando vediamo le patate al nostro subconscio e questo traduce l'impulso e invia la sensazione al nostro organismo di desiderio attraverso una voglia di quello, e quindi voi che decidete a quel desiderio di comprarle o meno alla fine accedete. Almeno 5 su 7 lo fanno, e questo perché è difficile resistere all'impulso di mangiare quelle patate. La tecnica funziona allo stesso modo. Se ogni giorno dite alla vostra mente: "Sono felice, guarirò, sono felice, guarirò", ma in realtà agite, facendo cose positive nella vostra vita, come migliorare le vostre abitudini e i vostri schemi mentali, e invece di lamentarvi solo delle vostre paure e angosce andate a fare una passeggiata, fate dello sport, siate felici, ecc. Se ristrutturate ogni aspetto della vostra vita, vi basteranno poche settimane per raggiungere il successo.

Voglio che siate come il pubblicitario che fa la pubblicità e che indirizziate alla vostra mente subconscia pensieri, abitudini fisiche, azioni, atteggiamenti positivi di armonia, pace e tranquillità, e tutto questo oltre a realizzarlo con i pensieri, cercate di farlo con immagini di felicità, pace e armonia. Funziona anche con tutti i tipi di stimoli che sono piacevoli per voi. Per esempio, i suoni delle onde, il rumore della foresta, il suono degli uccelli, o qualsiasi cosa che sia un'esplosione di messaggi di pace per il vostro subconscio e che potrete riprogrammare il più rapidamente possibile e raggiungere l'equilibrio desiderato, dove gli attacchi di panico e l'ansia scompaiono, proprio come sono arrivati.

Se a un certo punto vi chiedete quanto tempo ci vorrà per la guarigione, lasciate che vi dica onestamente che dipende molto da quanto siete disposti a seguire rigorosamente tutto ciò che è contenuto in questo libro. Se lo farete ogni giorno con fede e pazienza, in meno di 3 mesi starete molto meglio di adesso. Sarebbe onestamente stupido da parte mia affermare categoricamente che sarete guariti in una settimana. Tutto richiede un processo, ma una volta fatti i primi miglioramenti, la guarigione è dietro l'angolo. Non si può tornare indietro.

Ho realizzato questa piccola guida perché voglio davvero che possiate guarire. Vi chiedo di prendervi tutto il tempo possibile per analizzare e fare ogni passo che ho esposto qui - analizzatelo! In questo libro ci sono molte verità che possono rimettere la vostra vita in carreggiata se mettete dalla vostra parte la cosa più importante: la speranza.

Voglio davvero che proviate ogni tecnica. Abbiate fede... l'importante è che se provate come ho fatto io, guarirete in modo naturale e tornerete a essere il vostro vecchio sé felice. Vi auguro il meglio, il vostro amico Simmons Graham, un sopravvissuto che è felice grazie agli stessi concetti che spiego in questo libro. Potete...

www.ingramcontent.com/pod-product-compliance
Lightning Source LLC
Chambersburg PA
CBHW070315160726
47999CB00003B/1036